Estimado Cliente

Le informamos que no siempre tiene la razón

Anécdotas graciosas y divertidas sobre casos reales de atención al cliente

Marcelo Pineda Herrera

Copyright © 2016 Marcelo Pineda Herrera

Copyright © 2016 Editorial Imagen.
Córdoba, Argentina

Editorialimagen.com
All rights reserved.

Todos los derechos reservados. Ninguna parte de este libro puede ser reproducida por cualquier medio sin el permiso escrito del autor, a excepción de porciones breves citadas con fines de revisión.

CATEGORÍA: Humor

Impreso en los Estados Unidos de América

ISBN-13:
ISBN-10:

ÍNDICE

INTRODUCCIÓN..1
ANÉCDOTAS 3
MÁS LIBROS DE INTERÉS...97

Introducción

Quién de nosotros no ha tenido alguna vez una que otra experiencia con algún servicio al cliente de cualquier rubro. ¿Alguna vez te preguntaste si fuiste el único? En este libro descubrirás que no, que hay muchísimas anécdotas reales que de verdad han sucedido, aunque no lo creas.

Desde negocios de atención telefónica y restaurantes hasta empresas que reparan maquinaria pesada hasta diseñadores gráficos, todos han tenido alguno de esos días cuando se encuentran con un cliente bastante especial.

Este libro recopila varias de esas historias, anécdotas graciosas con servicios técnicos, casos reales de atención al cliente, situaciones divertidas y las más disparatadas reacciones de los siempre presentes "clientes difíciles."

Todas las anécdotas que leerás aquí pertenecen tanto a buenas como a malas experiencias tanto del cliente como del proveedor del servicio.

Participan en este libro dueños de negocio, empleados, gerentes y trabajadores independientes de países como Estados Unidos, Canadá, México y España, por nombrar algunos.

Este es mi segundo libro, y luego del primero "Chistes para siempre", me animé a compilar y pedir experiencias a diferentes personas. Con los años he ido juntando anécdotas reales y aquí están todas, en el libro que tienes en tus manos.

Mi deseo es que pases un buen momento, pero que también te identifiques, positiva o negativamente, con la anécdota. En realidad todos podríamos preguntarnos si somos como aquel cliente impaciente o gritón, o si de verdad estamos teniendo una buena actitud ante los demás.

Espero que disfrutes mucho leer este libro y que alguna anécdota pueda alegrarte el día.

¡Ah! Me olvidaba: también puedes compartir tu propia experiencia. Más detalles de cómo contactarme al finalizar el libro.

Anécdotas

Las consecuencias de la crisis

En una oficina de la seguridad social de algún lugar de España, se lleva a cabo el siguiente diálogo:

Asesor: "Buenos días, ¿en qué puedo ayudarle?"

Ciudadano: "Oye, ¿aquí es donde se viene a reclamar lo del suicidio?"

Asesor: "Perdone usted, ¿me lo puede repetir?"

Ciudadano (evidentemente molesto): "¡Que si aquí es donde se pide lo del suicidio por desempleo!"

Asesor: "Perdone, pero creo que se está equivocando, usted lo que quiere es el subsidio por desempleo, ¿no?"

Ciudadano: "Pues por eso, ¡lo que quiero es el suicido porque estoy sin trabajo!"

A cortar por lo sano

Trabajo en el departamento de atención telefónica para una compañía que provee servicios de conexión a Internet en Madrid, España. Un día recibo una llamada como tantas otras, sólo que se dio este diálogo bastante particular.

Yo: "Buenos días, servicio de atención al cliente de (nombre de la compañía), ¿en qué puedo ayudarle?"

Cliente: "Sí, buenos días, tengo un problema con la

señal del ADSL."

Yo: "¿Sería tan amable de decirme cuál parece ser el problema?"

Cliente: "Sí, no detecta la red."

Yo: "¿Ha probado usted cortando la alimentación para luego volver a encender el router ADSL?"

Cliente: "No, espera que ahora lo pruebo... ya está, pero ahora no veo ninguna luz."

Yo: "¿Ha conectado usted el cable de alimentación al enchufe de la pared?"

Cliente: "¿Y cómo lo conecto? El cable que he cortado no tiene enchufe."

Yo: "¿El cable cortado? ¿Qué cable?"

Cliente: "Sí, el que he cortado cuando me has dicho que cortara la alimentación."

No, su otra izquierda

Trabajo en el área de soporte técnico y un día estaba asistiendo a uno de nuestros tantos clientes. Recuerdo que en este caso en particular, el cliente estaba usando una copia anterior del sistema operativo Windows, por lo que tuve que hacerle una pregunta acerca de cómo veía la ventana del explorador.

Yo: "Arriba en la parte superior que dice Archivo, Editar y Vista. ¿Qué dice justo a la derecha de Vista?"

Cliente: "Editar."

Yo: "No, a la derecha de Vista."

Cliente: "Editar."

Yo: "Está bien, ¿qué es lo que ve al otro lado de Vista?"

Cliente: "Oh, herramientas."

Yo: "Muy bien, entonces haga clic allí con el botón izquierdo del ratón."

Cliente: "¿Cuál es ese?"

Yo: "Bueno, usted ya sabe la diferencia entre la izquierda de la derecha, así que haga clic con el botón de la izquierda."

Cliente: "Oh."

Yo: "¿Qué pasó?"

Cliente: "Nada."

Yo: "¿Ha hecho clic con el botón izquierdo del ratón?"

Cliente: "Creo que sí."

Yo: "¿El que está a su izquierda?"

Cliente: "¿Cuál era ese de nuevo?"

¿Ladrón o cliente?

Trabajo en una panadería ubicada en Rentería, España, donde también vendemos regalices. El caramelo de regaliz es un dulce con una textura similar a la goma, saborizado con extractos de raíces de la planta del regaliz. Una tarde cálida de primavera entra un cliente.

Cliente: "¿Dónde están los regalices?"

La dependienta le informa. El cliente coge los regalices, paga y se va. Vuelve a los diez minutos.

Cliente: "Vengo a por más regalices."

Se acerca al mostrador con los regalices en la mano.

Cliente: "Te voy a pagar los regalices, pero tú me vas a dar treinta euros, ¡abre la caja!"

Acto seguido saca una navaja y amenaza a la dependienta, que ante la sorpresa no reacciona, mirándolo atónita.

Cliente: "¡Te he dicho que abras la caja!"

La dependienta finalmente abre la caja y se acerca el cliente ladrón, cuenta treinta euros, se los mete en el bolsillo y se va.

El calentamiento global es muy real

En nuestra heladería de Bilbao, España, servimos helados con sabores a diferentes platos calientes.

Cliente: "Buenos días, ¿qué es eso del helado de lentejas?"

Yo: "Es una nueva línea de helados que hemos sacado hace poco y se trata de helados con sabores a platos calientes."

Cliente: "Ah, pues ponme un poco de este para probar."

Yo: "Perfecto."

El cliente toma una cuchara de plástico, coge un poco de helado, lo prueba y acto seguido lo escupe violentamente.

Cliente: "¡¿Pero qué **** es esto?! ¡Estas lentejas están frías!"

Yo: "Por supuesto, caballero, es un helado con sabor a lentejas."

Cliente: "Pues a mí no me gustan las lentejas frías, ¿podrías calentármelas?"

Yo: "Pero se te va a deshacer el helado."

Cliente: "No importa."

Le calenté el helado con sabor a lentejas y después se

quejó de que se le deshacía todo, y como no podía consumirlo de esa manera dejó todo y se fue sin pagarlo.

Mesa reservada

Trabajo en un restaurante muy concurrido de mi ciudad. Ese día, pero más temprano, este tipo había llamado para hacer una reserva, y a pesar de que todas las mesas estarían ocupadas para esa noche, el gerente decidió aceptar su reserva de todos modos. Cuando llegó al restaurante, esta persona procedió a elegir su propia mesa sin yo saberlo.

Yo: "Bienvenido, señor. Simplemente sígame y podré llevarlo a su mesa."

Cliente: "Pero estoy esperando por esa mesa."

Yo: "Bueno, señor, esa mesa sigue ocupada, sin embargo tengo una mesa disponible para usted ahora mismo."

Cliente: "¡No! Quiero esa mesa. La he estado esperando durante veinte minutos. ¿Por qué debería ir a sentarme en esa otra mesa cuando yo he estado esperando por esa?"

Yo: "Está bien. Pero para que lo sepa, tendrá que esperar otros veinte minutos antes de que las personas allí sentadas paguen y se levantan, si es que deciden levantarse después de pagar. Incluso entonces usted todavía tendrá que esperar a que venga alguien a limpiar la mesa y prepararla otra vez, y como verá todos ellos están siempre ocupados."

Cliente: "Simplemente no entiendo por qué no puedo tener esa mesa."

Yo (algo molesta): "Y yo no entiendo por qué no puede acompañarme a una mesa que está lista y preparada para usted, donde puede sentarse y empezar a disfrutar de su comida ya mismo, en vez de esperar otros treinta minutos para que esa otra esté lista."

Cliente: "¿Actitud? ¿Está teniendo una mala actitud? Espero que no…"

Yo: "Bueno…"

A esta altura veo que las otras meseras me estaban dando una mirada como diciendo "córtala ya mismo", así que simplemente me callé y me di por vencida. La cosa fue que los clientes en la mesa que este tipo estaba esperando decidieron realmente "acampar" durante una hora más. Como la mesa que estaba preparada para este tipo estaba libre, la dimos a otra pareja, así que esta persona tuvo que esperar una hora y media extra para finalmente sentarse.

Espera frustrada

Trabajo en una tienda de informática en la ciudad de Madrid, en España, y un buen día estábamos esperando el lanzamiento de un producto de una reconocida marca del sector, el cual estaba programado mundialmente para el día siguiente. Minutos antes de ingresar al negocio para empezar mi turno noté a un hombre que estaba haciendo cola delante de la puerta delantera de la tienda. En cuanto abro la puerta entra corriendo y gritando desesperadamente:

Cliente: "¡Soy el primero, soy el primero!"

Yo: "Joven, ¿se da cuenta de que el lanzamiento de (la reconocida marca de productos tecnológicos) es mañana?"

Cliente: "¿¡Cómo!? ¿Para eso llevo yo toda la noche esperando en la calle?"

Yo: "Ya lo siento, si quiere puede quedarse a esperar fuera hasta mañana, pero hoy no puedo hacer nada."

Cliente: "¿Y no podrías darme uno hoy?"

Yo: "Aunque lo tuviésemos en la tienda hoy no podría, lo siento."

Cliente: "¡Bah!, me voy a ****** (tienda de la competencia) a ver si ellos ya lo tienen."

Sumar es la solución

Trabajo en una farmacia en Córdoba, España. Un día entra un señor algo preocupado.

Yo: "Buenos días, ¿en qué puedo ayudarle?"

Cliente: "¿Tenéis alguna tableta de esas de sumar?"

Yo: "¿De sumar? Me imagino que eso tendrán en la papelería."

Cliente: "No, de sumar no, de sumar, ya sabes… de esas que te pones y dejas de fumar."

Yo: "Aaaah, ¿parches para dejar de fumar?"

Cliente: "Sí, eso, ¿tienen?"

Yo: "Sí, venga que le explico el funcionamiento."

Viajar "Low Cost", ¿y por qué no?

En una ocasión me encontraba esperando un vuelo en el aeropuerto internacional de Miami, en los Estados Unidos de América, y al estar sentado en un banco de la sala de espera veo que se acerca a mí un viajero. Si bien iba yo vestido de uniforme, no trabajaba en ese aeropuerto. Al acercarse, comenzamos esta conversación.

Viajero: "Buenos días, ¿por dónde se accede a la pista?"

Yo: "En primer lugar: no trabajo aquí, pero, ¿para qué

quieres ir a la pista? Me imagino que eso estará prohibido."

Viajero: "¿Prohibido? ¿Y entonces cómo me monto en el avión?"

Yo: "Pues pasando por la puerta de embarque, como todos los viajeros."

Viajero: "Pero yo soy especial, no soy como todos los demás."

Yo: "¿Especial? ¿Vuelas en primera?"

Viajero: "No, yo vuelo gratis, como en esa película donde el protagonista se mete en el compartimento de maletas, así hago yo y voy gratis."

Yo: "Se da cuenta de que eso es imposible, ¿no?"

Viajero: "¡Ya veremos!"

El señor se alejó corriendo para luego acercarse a un mostrador, preguntó algo y al poco tiempo se presentó seguridad y se lo llevaron…

Plantillas para la tensión

Trabajo en una farmacia en Santiago de Compostela, España, y un día entra una niña corriendo, con cara de urgencia y se acerca al mostrador.

Niña: "Me ha dicho mi madre que te pida una plantilla

porque le ha bajado la tensión."

Yo (casi sin poder aguantarme la risa): ¿No te habrá pedido unas compresas porque le ha bajado la regla?"

Niña: "Ah, sí, sí… ¡eso era!"

El que no arriesga no gana
Soy cajero en un supermercado de la localidad de Salou, España, y acabo de pasar los productos de un cliente, quien está preparando las tarjetas para pagar por su compra. De pronto se dirige hacia mí y pregunta:

Cliente: "Perdona, ¿aceptáis tarjetas de crédito?"

Yo: "Por supuesto."

Cliente: "Perfecto." Luego veo que se dirige al siguiente cliente de la cola y le pregunta: "¿No te importa prestarme tu tarjeta?"

Cliente 2: "¡¿Qué?! No, ¡claro que no!"

Cliente (dirigiéndose a mí): "Bueno… había que intentarlo, ¿no?"

¿Bancarrota? Nada más inténtalo
Soy el dueño de un restaurante en el que servimos comida bajo la modalidad de buffet libre, es decir que puedes comer todo lo que quieras, por lo que el cliente

se levanta tantas veces como lo desee con el fin de servirse más comida. Recuerdo que era un día agradable en la ciudad donde vivo, en Oviedo, España. En esto se acerca una pareja.

Yo: "Buenos días, ¿Qué quieren para beber?"

Cliente 1: "Queremos tal y tal, y ¿podría pasarnos la carta?"

Yo: "Perdonen ustedes, pero este restaurante es de buffet libre, así que no hay carta. Ustedes tienen a su disposición toda lo comida que quieran en esos mostradores de ahí y pueden coger lo que deseen tantas veces como quieran.

Cliente 1 (tomándose algo de tiempo para mirar alrededor): "Ah, ¿y dónde está la trampa?"

Yo: "¿Qué trampa?"

Cliente 1: "Si todos comemos todo lo que queremos, este negocio se va a arruinar, ¿no?"

Yo: "Hombre, normalmente los humanos tenemos la capacidad de parar cuando nos llenamos, así que tenemos un límite."

Cliente 1: ¿¡Seguro!? Qué te apuesto a que acabo con todo lo que tenéis en el mostrador. Así como para unos días."

Yo: "Caballero, yo no le aconsejaría intentarlo, ya que

puede sufrir un empacho."

Cliente 2: "¡Bah, mi novio puede con todo esto y más, os va a dejar en bancarrota!"

Yo: "Muy bien, adelante. Si consigues comer todo lo que hay aquí pues entonces invita la casa."

Cliente 1: "¡Ya veréis!"

Después de cuatro platos el tipo dejó de comer, pagó y con la cabeza gacha se marchó junto a su novia, evidentemente avergonzados después de pedir un poco de sal de frutas para el estómago…

Probar o robar, ¡la diferencia que hace una consonante!

Trabajo en una conocida zapatería en el centro del Distrito Federal de México. En una ocasión se acercó una señora.

Cliente: "¿Habría algún problema en probar estos zapatos?

Yo: "No, por supuesto, adelante."

Cliente: "Perfecto, entonces envuélvemelos. ¿Cuándo los tengo que devolver?"

Yo: "¿Envolver? ¿No quería usted probárselos?"

Cliente: "Sí, pero solo los quiero para probar por la

calle. Si me gustan volveré a pagar."

Yo: "Perdone, pero no está permitido sacar los zapatos de la tienda sin antes pagarlos."

Cliente: "Tú te lo pierdes, ¡iré a otra tienda a comprar!"

Google en primer lugar

Trabajo en el departamento de diseño web para una gran firma de mi ciudad. En cierta ocasión atendí un llamado telefónico, y la conversación se dio de la siguiente manera.

Yo: "Hola, ¿cómo puedo ayudarle?"

Cliente: "¡Hola! Necesito un sitio web…"

Yo: "Está bien. Bueno, para empezar dime un poco acerca de qué es exactamente lo que estás buscando."

Cliente: "Nada grande… sólo dos a cuatro páginas con información de mi empresa y nuestro número de teléfono. En realidad no necesitan ser actualizadas. Sólo necesito una página web básica. Me acabo de abrir un negocio de peluquería canina y siento que necesitamos un sitio web."

Yo: "Muy bien, aquí estaríamos encantados de ayudarle a llevar a cabo su proyecto…"

Cliente (interrumpe): "Una pregunta, si no le molesta…

mi amigo me dijo que tengo que estar en Google."

Yo: "Sí, también ofrecemos la optimización para buscadores."

A continuación paso a explicarle de qué se trata y termino la frase con lo siguiente: "…y en general su página será indexada dentro de aproximadamente un mes."

Cliente: "No, necesito que mi sitio web esté en Google de inmediato. Quiero poder escribir "peluquería canina" y que mi sitio web aparezca en primer lugar del listado en Google. Necesito el sitio en unos cuatro días, y también tiene que estar en Google para entonces."

Yo: "Me temo que eso es imposible. Además tu negocio de peluquería canina está en Nueva York, por lo que no es necesario que la gente que busca ese negocio en California te encuentre. Sin ofender, pero es como esperar que la gente tome un vuelo para cruzarse al otro lado del país, con su animal, solo para cortarle el pelo a su perro."

Cliente: "Supongo que tienes razón. De acuerdo, entonces lo hagamos como "local de peluquería canina" en su lugar. ¿Cuánto cobras por tus servicios?"

Yo: "Bueno señora, me temo que va a ser imposible conseguir que su sitio construido en 4 días esté listado para entonces y esperar que esté en la página número uno del mayor motor de búsqueda del mundo y por un término tan amplio como el suyo, pero podemos volver a eso. Un presupuesto aproximado para su sitio, y esto es sólo el diseño, sin incluir los servicios de optimización para buscadores, ronda en los doscientos cincuenta dólares."

Cliente: "Eso es ridículo... mejor me compro Dreamweaver."

(Nota: Adobe Dreamweaver es una herramienta de desarrollo utilizada para la construcción de sitios web).

Yo: "Señora, solamente la licencia de Dreamweaver por sí sola es de cuatrocientos dólares, y aún entonces va a tener que aprender a usarlo."

Cliente: "Bueno, ¿me puede enseñar?"

Yo: "Ummm... no quiero sonar grosera, pero fui a la Universidad durante cuatro años para aprender todo esto, y vivo de hacer diseños web. En realidad no me sentiría cómoda teniendo que enseñarle todo. En cierto modo es como si yo fuera a su negocio y le preguntara si usted podría disponer de su tiempo para mostrarme cómo cortarle correctamente el pelo a mis perros en lugar de pagarle a usted para hacerlo."

Cliente (hablando con alguien más junto a ella): "Esta gente de m… te dice cualquier cosa con tal de robarte tu dinero."

"¡Clic!"

Robo de película

Trabajo en una joyería de la localidad de Jaen, España, y al final del día un furgón blindado pasa por varios establecimientos para llevarse la recaudación de ese día al banco. Es tarde yo estaba en la parte trasera de la tienda llamando por teléfono, cuando de pronto oigo que suenan las sirenas de varios coches de policía.

Yo (corriendo a la parte delantera): "¡¿Qué pasa?!"

Policía: "Nos han avisado de un robo a mano armada en este local."

Cliente (tumbado en el suelo con las manos extendidas): "¡Sí, sí! Dos hombres disfrazados de uniforme y con pistolas han entrado ¡y se han llevado el dinero!"

Yo: "Perdone señor, pero esos hombres vestidos de uniforme son dos guardias de seguridad que nos transportan las ganancias al banco todos los días."

Cliente: "¡No, no! Estos han amenazado a tu compañero con las pistolas y lo han forzado a abrir la caja registradora."

Compañero: "No, señor. Simplemente hemos cumplido con el protocolo, como es común. Y no han sacado sus armas."

Cliente: "Ya, ya... ¡seguro que esto es un complot para robar esta joyería desde dentro!"

Policía: "¿Entonces aquí no ha habido ningún robo? Señor, venga conmigo que le voy a explicar por qué no hay que dar falsas alarmas."

Cliente: "¡Pero en esa película que vi hace poco unos hombres disfrazados de uniforme robaban la joyería!"

Una salud dudosa
Trabajo en un bar de Bilbao, España, donde servimos menús del día y diversos platos. Una clienta se acercó a la barra.

Clienta: "Póngame un plato de costillas, una ración de patatas bravas, otra de rabas y una cerveza bien helada, por favor."

Le serví el pedido unos minutos más tarde y luego se acercó a la barra.

Clienta: "Oye, de postre, ¿no tendréis algo de fruta, verdad? Es que estoy intentando ser una chica sana y no quiero estropearlo con el postre."

Yo: "No, lo siento, no tenemos frutas de postre, solo tenemos natillas y bollería."

Clienta (con tono de enfado): "Voy a tener que pasar por un supermercado, todos queréis sabotear mi dieta, no sé qué os pasa."

Y después de pronunciar esas palabras dejó el dinero de la comida, se dio la vuelta y se marchó, dejando aun sobre la mesa los restos de las costillas y la cerveza.

Adicción que supera la naturaleza

Trabajo en una cafetería de Sevilla, España, pero ese día estábamos sufriendo una inundación en el local. Además no disponíamos de agua corriente ya que se había reventado una tubería. En medio de todo esto entra un cliente.

Cliente: "Buenos días, querría un café cortado con tres azucarillos."

Yo: "Perdone, pero estamos cerrados, ¿no ve que todo está inundado y no hay agua?"

Cliente: "Pero bueno, es que sois los únicos que tenéis electricidad…"

Yo: "Pero como ya le he dicho, no tenemos agua corriente."

Cliente: ¿Cómo que no? ¿Y toda esta agua?"

Yo: "¿Pretende que le prepare un café con esta agua? ¿Esta agua marrón y sucia?"

Cliente: "Bueno, si no hay otra… necesito urgentemente un café."

Yo: "Perdone usted, pero por razones sanitarias no puedo prepararle un café con esta agua."

Después de un rato discutiendo le conseguí convencer de que el agua de la inundación no era potable.

Coeficiente intelectual debilitado

Trabajo como cajera en una farmacia de mi ciudad. Un día me tocó darle una muy buena noticia a una clienta.

Yo: "¡Felicidades! Debido a que usted ha adquirido productos de belleza por un valor de más de treinta dólares puede recibir este bolso de mano como cortesía. ¿Le gustaría en color negro o marrón?"

Clienta: "¿Y qué es un bolso de mano?"

Yo (sosteniendo el bolso en alto para mostrárselo): "Es como una bolsa pero más grande y resistente… se puede poner cosas en ella… viene en negro o marrón."

Clienta: "Oh, bueno, eso es ingenioso, ¿no es así?"

Yo: "Sí, señora. ¿Le gustaría en negro o marrón?"

Clienta: "¿Cuánto cuesta?"

Yo: "Normalmente quince dólares, pero hoy es suyo completamente gratis, ya que gastó más de treinta dólares en productos de belleza."

Clienta: "Oh… bueno, ¡yo no pagaría quince dólares por esa bolsa ni loca!"

Yo: "Usted no tiene que pagar por ella."

Clienta: "¿Por qué no?"

Mirando detrás de ella veo que otros clientes están empezando a sentirse agravados por la asombrosa estupidez de esta mujer, por lo que llamo a Ashley, otra cajera.

Yo: "... porque es gratuita."

Clienta: "Oh, ¿y por qué llama a otra cajera?"

Yo: "Es porque hay otros clientes que están esperando."

Clienta: "¿Esperando qué?"

Yo: "Están esperando ser atendidos para pagar por sus compras. Ahora bien, ¿le gustaría llevarse su bolsa gratis o no?"

Clienta: "¡No me gusta su tono, señorita!"

Yo: "Lo siento, señora, es que es hora de mi descanso y ya se pasaron varios minutos. ¿Le gustaría llevarse su bolso de mano gratis?"

Clienta: "Oh, ¿es gratis?"

Aunque parezca increíble, este intercambio se prolongó durante aproximadamente unos diez minutos más, ya que la mujer tuvo que pasar por cinco diferentes tarjetas de crédito hasta que encontró una que podía usar. Me hizo llegar quince minutos tarde a mi descanso de quince minutos. Pero estoy segura que finalmente aprendió el significado de "bolsón de mano gratis."

Cien igual a cien… ¿o no?

Esta anécdota se dio en el año 2001. En aquel tiempo yo regenteaba una pequeña tienda de "todo por cien pesetas" en Cáceres, España, y el país acababa de adoptar el Euro como moneda oficial. Me encontraba justamente actualizando los precios cuando noto que hay un cliente que necesita asistencia.

Yo: "Buenos días, ¿quería algo más que este muñeco?"

Cliente: "No, eso es todo, aquí tiene los cien."

El cliente me entrega un billete de cien euros.

Yo: "Perdone usted, pero son 60 céntimos de Euro, y no 100 Euros."

Cliente: "¿Cómo que no? Afuera pone todo a cien, y eso es lo que estoy pagando."

Yo: "Sí, eran 100 pesetas, pero ahora, como sabrá, ya

estamos cobrando en Euros. Y 100 pesetas son alrededor de 60 céntimos."

Cliente: "No me intentes timar, cien son cien y punto. Aquí los tiene y no hay más que hablar."

Yo: "De acuerdo, que tenga un buen día."

El cliente se fue y no supe nada más de él, esos cien euros me vinieron de perlas ese mes.

El fuego no es el problema

Trabajo en atención telefónica de una empresa que comercializa extintores de incendios. Un buen día atiendo una de las tantas llamadas de ese día y se produce el siguiente diálogo.

Yo: "Buenos días, ha llamado al servicio técnico de (nombre de la compañía), ¿en qué podemos ayudarle?"

Cliente: "Hace poco compré un extintor de uno de vuestros distribuidores y me preguntaba cómo utilizarlo."

Yo: "Sí, es muy sencillo, le indicaré los pasos a seguir, pero por favor usted solo apúntelos. No los haga con su extintor en estos momentos, ya que solo debe ser utilizado en casos de emergencia. Recuerde que una vez abierto el extintor ya no podrá volver a utilizarlo sin recargarlo."

Cliente: "De acuerdo."

Yo: "Bien, empecemos…" A continuación le leo las instrucciones de uso del extintor.

Cliente: "Muy bien, ¿y cómo se quita esta espuma blanca que está saliendo por la boquilla? ¿Se disuelve o se evapora?"

Yo: "Pero, señor… ¿ha quitado la anilla de seguridad del extintor y apretado la manilla?"

Cliente: "Sí, como usted me ha indicado, ¿no?"

Préstamo telefónico
Trabajo en la biblioteca de mi universidad en la ciudad de México y recuerdo que estábamos en época de exámenes. Cuando llega ese tiempo los estudiantes suelen llamarnos para preguntar sobre los libros y su disponibilidad, ya que algunos son especiales y no están disponibles para su préstamo.

Yo: "Buenos días, ¿en qué puedo ayudarle?"

Estudiante: "Sí, bueno, quería preguntar si tenéis tal libro disponible en estantería para llevar."

Yo: "Espera que miro… Sí, parece que está disponible en estantería, pero le informo de que no está disponible para su préstamo."

Estudiante: "Sí, bien. Hasta luego."

Después de un rato este mismo estudiante se acerca a la mesa.

Estudiante: "Hola, quería llevarme este libro."

Yo: "Perdone, pero como le he comentado antes por teléfono este libro no está disponible para su préstamo."

Estudiante: "¿Cómo? Lo que me has dicho es que no me lo podías mandar por teléfono. Por eso he venido hasta aquí. Así que pónmelo para préstamo rápido."

Yo: "Perdone pero como le he comentado por teléfono no está disponible para préstamo, y por lo que sé todavía no existe ningún sistema para teletransportar libros."

El estudiante siguió intentando convencerme para llevarse el libro utilizando excusas tan malas como la primera.

Bigotes muy importantes

Trabajo en una tienda que vende y alquila disfraces en la ciudad de Kansas, Mobile, Estados Unidos de Norteamérica. Casi al concluir el día recibo una llamada telefónica. Al atender el teléfono se produce la siguiente conversación.

Yo: "Hola, le atiende Luis de (nombre de la tienda). ¿Cómo puedo ayudarle?"

Cliente: "¿Tiene bigotes?"

Yo: "Si se refiere a esos bigotes falsos para disfrazarse, pues sí."

Cliente: "Excelente, ¿a qué hora cierran?"

Yo: "En unos diez minutos."

Cliente: "¿Puede usted permanecer abierto? Realmente necesito esos bigotes y estoy en (menciona una carretera que está a aproximadamente treinta minutos de nuestro local comercial)."

Yo: "Lo siento, señor, tengo que cerrar a las nueve."

Incluso si quisiera permanecer abierto durante más tiempo no podría hacerlo, pues los horarios de trabajo están establecidos por la corporación, y si yo decidiera quedarme hasta más tarde podría ser despedido.

Cliente: "¿Por favor? ¿Qué pasa si usted los compra por mí y los deja fuera de la puerta? Voy luego y le dejo el dinero por debajo de la puerta."

Yo: "No creo en prestar dinero a extraños."

Cliente: "Vamos, no seas un b***. Necesito esos bigotes."

Yo: "Lo siento, pero estoy terminando esta

conversación."

Colgué el teléfono y comencé a cerrar la tienda. Casi al mismo tiempo en que me estaba alejando vi que estacionaba un auto y se bajaba una persona que corriendo fue a gritar y golpear la puerta cerrada del establecimiento. ¡Creo que esos bigotes eran realmente importantes!

Confusión sexual
Trabajo en la recepción de un ambulatorio en Bilbao, España. Un día se acercó un hombre para pedir una cita.

Hombre: "Buenos días, quería pedir una cita con el ginecólogo."

Yo: "Disculpe, ¿ha dicho ginecólogo?"

Hombre: "Sí, sí, para el ginecólogo."

Yo: "¿Es la cita para su esposa?"

Hombre: "No, no, es para mí."

Yo: "De acuerdo, ¿y no será el urólogo?"

Hombre: "No, señorita. Estoy completamente seguro de que es el ginecólogo."

Yo: "De acuerdo, espere un minuto por favor."

Llamé al médico de cabecera de ese hombre, que me dijo que simplemente le diera la cita, que de todas formas se olvidaría de acudir porque siempre lo hacía.

Yo: "De acuerdo, aquí tiene el impreso."

Hombre: "Muchas gracias, señorita. Buenas tardes."

Y se marchó; mi cara en ese momento era un poema.

Misión imposible

Trabajo en un local que hace copias de llaves. Un buen día entra un caballero muy bien vestido.

Cliente: "Dejé las llaves de mi coche a tan solo una cuadra de aquí."

Yo (mientras voy recogiendo algunas cosas): "No hay problema, señor. Se lo voy a abrir en un santiamén y por sólo cinco dólares.

Cliente (señalando las herramientas que acababa de recoger): "¿Qué vas a hacer con eso?"

Yo: "Son las herramientas que necesito para abrir su coche."

Cliente: "Mira que es el modelo más nuevo de Mercedes Benz. Y lo acabo de comprar, así que ¡no puedes tocarlo!"

Yo: "Y entonces, ¿cómo lo abro?"

Cliente: "Ese es tu problema."

Yo: "En realidad no lo es. Yo no me olvidé las llaves adentro."

Cliente: "Pero hay que abrirlo."

Yo: "Mírame abrirlo."

Cliente: "De acuerdo, entonces, pero si le haces cualquier rasguño o le dejas alguna marca entonces tendrás que pagarle a Mercedes para que vuelva a pintar el coche entero. Eso te costará miles."

Yo: "A ver si le comprendí bien. Si tengo éxito en hacer el trabajo me gano cinco dólares, ¿pero si hago el más mínimo error me puede llegar a costar miles de dólares?"

Cliente: "Sí."

Yo: "Su coche tal vez quede allí por siempre."

Cualquier destino da igual en ese estado
Soy chófer de una línea de autobuses haciendo la ruta Bilbao Castellón. Un buen día sube al autobús un pasajero notablemente ebrio.

Chófer: "Buenos días, el ticket, por favor."

El pasajero me enseña su ticket.

Chófer: "Muy bien, pase usted."

Viajero: "Perdona, ¿dónde está el bar?"

Chófer: "¿El bar?"

Viajero: "Sí, el vagón restaurante."

Chófer: "Perdone usted, pero esto es un autobús con destino a Bilbao, usted no se encuentra en un tren."

Viajero: "¿Cómo? Si el ticket que he comprado es para un viaje de ida en tren a Madrid."

Chófer: "Pues ya lo siento, pero el ticket que me ha enseñado es para este autobús."

Viajero: "Bueno, para lo que iba a hacer en Madrid…"

El viajero se montó y continuó el viaje hasta Bilbao donde me preguntó dónde coger un tren hacia Barcelona…

Economía personal
Soy cajero en un supermercado de Barcelona, España. Una tarde ocurrió algo bien extraño. Un cliente tenía que pagar por su compra.

Yo: "¿Va a pagar con tarjeta o en efectivo?"

Cliente: "En efectivo."

El cliente saca un fajo de billetes de 50 Euros de la

cartera y me entrega uno de los billetes que claramente es falso, ya que el papel es un folio normal recortado.

Yo: "Perdone usted, pero este billete es falso y no puedo aceptarlo. Es más, si se lo han dado le recomiendo que lo denuncie ya mismo ante las autoridades."

Cliente: "¿Falso? ¿Por qué? Si lo he sacado del banco."

Yo: "¿Cómo que del banco?"

Cliente: "Sí, como no funcionaba el cajero automático metí la tarjeta en el lector del ordenador e imprimí unos cuantos billetes de 50 Euros para pagar las compras."

Después de explicarle que desde el ordenador no se puede sacar dinero físico conseguí convencerlo de que eso era dinero falso...

Depresión, la mejor forma de ahorrar
Trabajo en una ferretería de Madrid, España. Luego de terminar de atender a un cliente, sigo con el que sigue en la fila.

Yo: "Buenos días."

Cliente: "Buenos no."

Yo: "Lo siento, ¿en qué puedo ayudarle?"

Cliente: "En nada."

Yo: "Está bien, ¿quiere algo de nuestra selección de productos?"

Cliente: "Quiero irme de aquí ahora mismo."

Dejándome con la boca abierta, el cliente sale por la puerta tan deprimido como ha entrado…

Privacidad ante todo

Trabajo en el departamento de asistencia telefónica de una conocida empresa ubicada en el centro empresarial de Madrid, en España. Un día recibo una llamada de un supuesto cliente. La conversación se dio así:

Yo: "Buenos días, le atiende ***, ¿en qué puedo ayudarle?"

Cliente: "Buenos días, me preguntaba si es posible saber de quién es este número de teléfono que me ha llamado."

Yo: "Perdón, pero no nos está permitido informar sobre ese tipo de datos."

Cliente: "¡Menos mal! Me ha llamado mi novia y no me gustaría que mi mujer tuviera forma de enterarse de quién es el número."

Yo: "Que tenga buen día, señor…"

¿Pero dónde está la comida?

Trabajo en una librería en Valencia, España, y nunca olvidaré esa tarde cuando entró un señor a consultar sobre algo muy específico.

Cliente: "Buenos días, estoy buscando un libro de comida."

Yo: "Por supuesto, de esos tenemos muchos. ¿Tenía pensado algún tipo de comida en especial?"

Cliente: "No sé, uno que esté rico y que sea rápido, tengo mucha prisa."

Yo: "Venga conmigo y le enseño la sección."

En pocos segundos llegamos a la sección de libros de cocina.

Yo: "Estos son todos los libros de cocina de los que disponemos."

Cliente: "Me gusta este, me lo llevo."

Al cabo de aproximadamente una hora el mismo cliente entra corriendo y por el gesto de su rostro puedo ver que no muy contento. La cuestión es que empieza a gritarme.

Cliente: "¡Este libro está defectuoso, lo he metido en el microondas y no se hace la comida!"

Después de decir esto sacó el libro quemado de la bolsa

y me pidió una devolución. Todos los clientes que estaban allí presentes y yo le miramos con una cara de total incredulidad. Al cabo de unos pocos segundos educadamente le dije que no aceptábamos devoluciones de libros con desperfectos...

Una canción con el final perfecto
Soy una persona alegre que trabaja en un café dentro de un gran edificio en los Estados Unidos. Parte de mi alegría es musical, canto y tarareo en voz baja, a menudo sin darme cuenta. Sin duda se me puede escuchar, pero no es que ando haciendo conciertos para que otros me escuchen. Una clienta entra al establecimiento, ya de mal humor, y después de escucharme cantar durante unos treinta segundos, empieza.

Clienta: "Cantas tan fuerte, ¡para! Estoy teniendo un día horrible y eso me está molestando. ¡No quiero escucharlo! ¡Páralo! ¡Páralo! ¡Páralo!"

Dejo de cantar. Aproximadamente un minuto después, inconscientemente comienzo a tararear en voz baja mientras preparo café, pero ella comienza de nuevo.

Clienta: "Te dije que te calles. ¡Para ya!"

Yo: "Señora, dejé de cantar porque me dijo que lo hacía en un volumen muy alto. Ahora simplemente estaba tarareando en voz muy baja."

La clienta se da vuelta a otra mujer de edad avanzada y comienza a despotricar.

Clienta: "¡Qué molesta, siempre hace cosas así! ¡No la soporto! ¿No es horrible?"

La otra clienta sólo se incomoda ante ese comentario y mantiene su paz bebiendo su café en silencio. Me muerdo la lengua y digo lo siguiente con toda la sinceridad con que soy capaz.

Yo: "Señora, realmente siento mucho que esté teniendo un mal día. Espero que mejore."

Cliente: "¡Mi día va a mejorar cuando salga de aquí!"

Me mira burlonamente y yo simplemente sonrío con calma.

Yo: "El mío también."

Teléfono descompuesto

Trabajo en un mercado de Bilbao, España, y un día apareció un cliente con el cual mantuve el siguiente diálogo.

Yo: "Buenos días."

Cliente: "Buenos días, me gustaría un poco de eso."

Yo: "¿De cuál?"

Cliente: "De eso."

Yo: "¿Me lo podrías señalar?"

Cliente: "No, quiero de eso."

Yo: "Perdón, pero no sé qué es lo que quieres."

Cliente: "De eso, ¡¿no lo ves o qué?!"

Después de diez minutos así, con toda la paciencia conseguí convencerlo de que me señalara lo que quería…

Yo: "¡Aaaah, melocotones!"

Cliente: "Sí, eso, cómo te ha costado, ¡no sé cómo contratan gente como tú!"

El tipo finalmente pagó y se marchó, pero yo seguía con la boca abierta.

Titular amigo… de lo ajeno

Soy el encargado de realizar llamadas sobre diferentes promociones para una conocida compañía telefónica en Madrid, España. Ese día recuerdo que marqué uno de los tantos números telefónicos que tenía asignados para esa jornada, casi en la mitad de la lista.

Cliente: "Dígame."

Yo: "Sí, hola, buenos días. Le llamaba de (la compañía telefónica) para hacerle una oferta. ¿Es usted el titular de la línea?"

Cliente: "Pues no."

Yo: "Ah, ¿no?"

Cliente: "No. Este teléfono lo robé una vez, me lo quedé, y por eso lo utilizo yo y respondo yo."

Yo: "Ah… vale… pues nada, si usted cogió el teléfono y no es el titular pero lo utiliza usted, le dejo tranquilo, disculpe las molestias."

Cliente: "Nada, tranquilo, ¡adiós!"

Ausente con aviso

Trabajando de cartero fui a entregar una multa a una casa muy bonita. La sanción estaba a nombre de una persona de sexo masculino. Cuando toco a la puerta de la residencia, me abre una mujer…

Yo: "Hola, ¿se encuentra "Fulanito"? Traigo un certificado para él."

Mujer: "¿Es una multa?"

Yo: "Sí, así es."

Mujer: "Espera un momento."

Entra a la casa, pero puedo escuchar lo siguiente.

Mujer: "¡Fulanitooo! ¡Es una multa!"

Fulanito: "¡Dile que no estoy!"

La mujer aparece nuevamente junto a la puerta, y completamente seria me dice…

Mujer: "No está."

Yo: "Vale… pues… vendré… otro día…"

Comienzo Precoz

En nuestra tienda de licores vendemos whiskys en los que la etiqueta marca cuántos años se ha mantenido en el tonel. Era una tarde fría en Barcelona, España, cuando veo que una niña y su padre entran a la tienda. Acto seguido escucho la siguiente conversación.

Padre: "Bueno, pues este se lo compramos a tu tío. Y este otro para Carlos."

Niña: "Mira, papá, este puedo beberlo yo." (Enseñándole a su padre una botella en la que marcaba 10 años envejeciendo).

Padre (sin poder aguantar la risa): "No, hija, no, eso indica el tiempo que ha estado en el tonel antes de meterlo a la botella."

Grandes ahorros

Soy cajero en un supermercado, estoy escaneando los productos de un cliente, cuando veo que ha comprado 10 manzanas a las cuales ha pesado individualmente y les ha colocado la etiqueta de precio a cada una.

Yo: "Perdone la pregunta, pero ¿por qué ha pesado cada manzana individualmente? ¿No le sería más cómodo pesarlas todas en una bolsa?"

Cliente: "¿No te das cuenta que la bolsa pesa más y entonces el precio es más alto? Cuando las peso de una en una la compra me sale más barata."

Yo: "Perdone, pero el peso será el mismo bien si las pesa en una bolsa o individualmente."

Cliente: "¡Vosotros siempre intentando que gastemos más! Cóbrame y déjame, que yo así siempre ahorro más."

Hierba mala nunca muere

Trabajo en un local que hace copia de llaves en los Estados Unidos. Esto sucedió a principios de 1970. Hice el trabajo para un tipo que perdió las llaves del coche en el estacionamiento del centro comercial.

Yo: "Bueno, son diez dólares por la llave y la mano de obra, pero si quiere agregar otra llave se la dejo a sólo 79 centavos de dólar."

Cliente: "Ah, no hombre, necesito mi dinero para conseguir mala hierba."

Una semana más tarde, el mismo caso. Tuve que salir bajo una lluvia torrencial a hacerle la misma llave al mismo chico otra vez.

Yo: "Bueno, estoy seguro de que ahora querrás la llave extra, ¿verdad?"

Cliente: "Ah, no hombre, necesito mi dinero para conseguir mala hierba."

Como pude detectar una cierta tendencia en este chico, decidí hacer una copia de esa llave de todos modos y la colgué en la tienda.

Lo que sucedió fue que durante los próximos seis meses el tipo volvió no menos de diez veces a mi tienda, y yo le hacía la copia directamente de la llave que tenía colgando en la tienda, así que le cobraba por la llave y el trabajo completo. Nunca compró una segunda llave.

Supongo que la mala hierba finalmente se apoderó de él.

Identidades múltiples

Soy el encargado de repartir los productos de una pastelería a domicilio, y en esa oportunidad llegué a un edificio que tenía 10 pisos y cuatro manos a cada lado. Me presento en la puerta de entrada y presiono los botones que creí correspondientes.

Yo: "Hola, ¿se encuentra Juanito Fernández? Venía a entregarle el pedido que hizo ayer."

Mujer: "Ah, sí. Aquí está, suba, suba."

Subo hasta el piso sexto y me abren la puerta.

Yo: "Buenas tardes, estos son los pasteles que pidió ayer."

Juanito Fernández: "No, perdone, pero yo no hice un pedido de pasteles, yo he pedido unos libros. Se habrá confundido, pruebe con el Juanito Fernández que vive en el piso tercero mano derecha primera puerta."

Yo: "Ah, perdone. Gracias."

Bajo hasta el piso tercero y llamo a la puerta que me ha dicho el otro Juanito.

Juanito Fernández 2: "Sí, ¿quién es?"

Yo: "Vengo de la Pastelería a entregar el pedido que usted realizó ayer."

Juanito Fernández 2: "Perdone pero yo no hice ningún pedido a la pastelería. Quizás sea el otro Juanito que vive en este edificio."

Yo: "No, ya he hablado con el del piso sexto y me ha

dicho que este no es su pedido."

Juanito Fernández 2: "No, no, lo que sucede es que hay otro Juanito Fernández en el décimo piso."

Efectivamente, a la tercera fue la vencida, después de subir y bajar de piso en piso, el pedido era para el tercer Juanito Fernández que vivía en el décimo.

La magia se cotiza al alza

Trabajo en un supermercado de un centro comercial de Badalona, España. Es el día de estreno de la última película de Harry Potter y unos jóvenes se acercan a comprar. Los jóvenes vienen todos disfrazados de magos. Luego de su compra, se acercan para pagar.

Yo: "Son dos con cincuenta."

Cliente: "¿Aceptáis dinero mágico?"

Yo: "No, lo siento."

Cliente: "Ah, bueno, no pasa nada, también llevo dinero muggle." (*)

Y después de pagarme lo debido cogieron las bolsas y se fueron todos riéndose.

(*) En la serie de libros de Harry Potter, un muggle es una persona que no ha nacido en el mundo mágico y que por lo tanto carece de cualquier tipo de habilidad mágica.

Traje mi carretilla y yo los llevo, gracias

Trabajo en la atención al cliente de un banco ubicado en la ciudad de Irvine, Canadá. Un buen día se acerca una persona.

Yo: "Bienvenido a (nombre de entidad bancaria), ¿qué puedo hacer por usted hoy?"

Cliente: "¿Ustedes venden oro aquí?"

Yo: "Bueno, nuestro asesor financiero puede encargarse de todas las operaciones con materias primas. Permítame presentarle…"

Cliente: "No, lo que quiero decir es ¿venden oro aquí?"

Yo: "Umm… ¿Qué quiere decir exactamente?"

Cliente: "¿Puedo comprar oro?"

Yo: "… ¿Se refiere a adquirir lingotes de oro?"

Cliente: "Sí, quiero comprar un par de lingotes."

Yo: "Um… no, creo que dejaron de hacer eso en la década de 1920."

Cliente: "Bueno, ¡deberían vender!"

Yo: "… Está bien."

Vivimos en un pequeño, pequeño mundo

Vivo en Barcelona, España, y tengo a cargo un comercio minorista. En cierta ocasión le estaba ayudando a un vecino, que también es amigo del trabajo, con los detalles de la boda de su hijo. Recuerdo que terminamos los trabajos y la boda fue muy emotiva. Después de tres años, la mujer del hijo del vecino al que habíamos ayudado me recomienda a su madre para realizar otro trabajo.

Resultó ser una señora muy amable y hacendosa. Cierto día, cuando me estaba por despedir de su casa, justo antes de irme le dije:

Yo: "Pues mi madre es de Córdoba."

Señora: "Pues yo también."

Yo: "Pues mi madre es de Hinojosa del Duque."

Señora: "Pues yo también."

Yo: "Usted y yo somos familia."

Señora: "Seguro."

Pues lo curioso del caso es que resulta que sí, somos familia: La señora es la hija de la cuñada de mi abuelo. ¡Y yo sin saberlo!

Pero después y al cabo de tres días comenté la jugada

en otro comercio:

Yo: "Mira lo que me pasó... (Y le cuento al que me atendía lo que descubrí).

Comerciante de otra tienda: "Anda, pues que pasada."

Señora que estaba en el comercio: "Pues mi tío es de Hinojosa del Duque."

¡Toma ya! Al final no éramos familia, pero no veas con la anécdota, ¡qué pequeño es el mundo!

Comestibles patriotas

Trabajo en una tienda de alimentos orgánicos en el estado de Massachusetts, en los Estados Unidos. Allí vendemos alimentos saludables y no tenemos comida procesada. Pensé que había visto todo... pero no.

Yo: "Buenas tardes, ¿qué le puedo servir hoy?"

Cliente: "Quiero dos libras de queso americano."

Yo: "Lo siento, señor, pero no vendemos queso americano. Puedo ofrecerle el Havarti que es igual de bueno y es un buen sustituto."

El cliente me mira, enfurecido. Ten en cuenta que tenemos una lista de nuestras carnes y quesos disponibles detrás de mí.

Cliente: "¿Cómo te atreves a no venderlo? ¡Esta es

América! ¿Odias a nuestro país?"

Me doy cuenta que no está bromeando, sino que de hecho está muy enojado. A continuación el cliente se da la media vuelta y sale del negocio cerrando la puerta violentamente tras de él, abandonando las otras bolsas que tenían parte de su compra.

Compañero de trabajo: "¿Realmente preguntó si odiamos a los Estados Unidos?"

Yo: "Sí..."

El capricho es el capricho
Trabajo en un bar de Madrid, en España. Son las diez de la noche de un sábado, la música está sonando al máximo permitido y la gente está bailando en la pista. En esto un cliente se acerca a la barra.

Cliente: "Perdón, ¿podrías bajar la música? Lo que sucede es que tengo una llamada perdida y tengo que hablar por el móvil."

Yo: "Perdone, pero no podemos parar la música por que se nos enfadarían los demás clientes."

Cliente: "¿Tú no sabes quién soy?"

Yo: "Pues la verdad es que no, pero en todo caso no podemos bajar la música, ya que como puedes comprobar, está dentro de los límites permitidos."

Cliente: "Pues si no la bajas llamo a la policía ahora mismo."

Yo: "Llama, pero no van a poder hacer nada porque la música está sonando al nivel correcto."

Cliente: "Ya veremos."

El cliente se fue, y yo supuse que se había olvidado del tema, pero un rato después apareció la policía comentando que había recibido una denuncia por el volumen de la música.

Cliente: "Sí, tienen el volumen a tope y no puedo hablar por el teléfono mientras tomo algo."

Policía: "¿Así que solo es por eso? La música está a un volumen correcto." Se voltea para mirar al cliente y le dice: "Por favor, venga con nosotros que quiero tener unas palabras con usted."

El policía se llevó afuera al cliente para explicarle lo que significan las falsas alarmas, y la fiesta siguió adelante como todos los sábados a la noche.

Por favor consulte la sección "Viajar en el tiempo"

Trabajo en una librería de Tacoma, Washington, Estados Unidos. Un cliente se me acerca.

Cliente: "¿Tiene un libro con imágenes de

dinosaurios?"

Yo: "Claro."

Caminamos hasta la sección con los libros de dinosaurios y le mostré muchos libros con varios dibujos y pinturas de dinosaurios.

Cliente: "No, pero no busco dibujos, sino fotografías. Quiero un libro con fotos de los dinosaurios, por favor. ¿Dónde están?"

Misión de incógnito

Regento la tienda/bar de un pueblo muy pequeñito en Navarra, España. Cada vez que un cliente no habitual entra en la tienda tengo la costumbre de saludarle y hacerle algunas típicas preguntas tales como de dónde viene y si está de paso. Este cliente se baja de un coche de alta gama con los cristales tintados y muy bien vestido, con cara de prisa y mirando a su alrededor.

Yo: "Buenos días."

Cliente: "Buenos días, ¿me podría poner alguna pastilla contra el sueño, un periódico y un café?"

Yo: "Claro que sí, espere mientras le preparo el café."

Cliente: "Pero rápido que tengo mucha prisa."

Yo (mientras preparo el café): "¿Hacia dónde va usted?,

le veo con mucha prisa."

Cliente: "¿Por qué me pregunta eso?"

Yo: "No, simplemente para hablar un poquito y hacer más amena la espera."

Cliente: "Seguro ya, seguro que eres uno de ellos…" (Alejándose poco a poco).

El cliente me mira a la cara fijamente mientras va retrocediendo con cara amenazante hasta salir corriendo por la puerta, eso sí, ¡con las pastillas y el periódico!

Yo: "Oiga, ¡que no ha pagado por eso!"

Salí corriendo detrás de él, pero se montó en el coche y salió disparado a toda velocidad en su auto importado.

Allí me quede con la cara de atontada, y pensando que esa fue la forma más original de robarme hasta el momento.

Archivos Ocultos

Trabajo en la sección soporte técnico de una tienda que vende artículos tecnológicos en Canadá. Recuerdo que una tarde me encontraba con un cliente que necesitaba ayuda para añadir su música en su biblioteca de iTunes. Le mostré cómo, y esto es lo que sucedió:

Cliente: "... Uggghhh!"

Yo: "¿Qué pasó?"

Cliente: "Bueno, voy a ser honesto. Está añadiendo también mis archivos porno."

Yo (Silencio): "Oh..."

Cliente: "Por favor, ¡haz que se detenga! No quiero mi pornografía en mi iPod"

Yo: "Haga clic en la pequeña X en la parte superior."

Cliente: "Está bien, ahora se detuvo."

Yo: "Muy bien, ahora trate de añadir la carpeta Mi música de nuevo."

Cliente: "¡Lo está haciendo de nuevo! ¡Oh, Dios!"

Yo: "Bueno, eh...lo que puede hacer es mover esos archivos desde la carpeta Mi música a una nueva carpeta en Mis Documentos."

Cliente: "Está bien, voy a hacer eso."

Unos cuantos segundos de silencio pasaron mientras el cliente movía los archivos de lugar.

Cliente: "¡Oh, hombre! Me dice que va a tomar 24 minutos para que todos los archivos se transfieran completamente."

Yo: "¿Veinticuatro minutos? ¡¿Estás seguro?!"

Cliente: "Sí, estoy seguro."

Le mostré como hacer otras cosas que no estaban relacionadas con lo anterior mientras que la pornografía se movía de lugar.

Cliente: "Muy bien, muy bien. Ahora ya hemos terminado de encubrir mi vergüenza..."

Cuánto daño nos hace la televisión
Soy fontanero y albañil en la zona de Alicante, España, y además me considero un gran fan de los Simpsons. Lo siguiente me ocurrió cuando estaba hablando con un cliente, bastante adinerado, para cambiarle todo el baño.

Yo: "Perfecto, entonces la encimera del lavabo la quieres así."

Cliente: "Eso es, todo como me lo has comentado. Pero tengo una pregunta: ¿sería posible que el agua del retrete girara en el sentido contrario?"

Yo: "¿En el sentido contrario?"

Cliente: "Sí, no sé dónde pero lo vi en la tele y sería muy original tenerlo en el baño de invitados."

Yo (aguantando la risa): "¿No estarás hablando de los Simpsons?"

Cliente: "Pues puede ser, sí."

Yo: "Se da cuenta que esos son dibujos animados, ¿no?"

Cliente: "Ya, pero seguro que existe algún aparato para hacerlo."

Yo: "Pues lo estudiaré y ya te lo comentaré."

Cliente: "Sí, que quiero que haga el efecto de que va al revés."

Yo: "Sí, sí, tranquilo que ya voy a mirarlo."

Esta fue sin duda una de las peticiones más graciosas que me han hecho, y con muy fácil solución, porque no tiene nada que ver con donde estés ubicado geográficamente, sino por donde salga el agua...

Suposición líquida

Soy un cliente que ha visto esta situación en un supermercado de Villa Seca, España. Una pareja de jóvenes se acerca al mostrador de la caja con 8 botellas de 5 litros de agua cada una.

Cajera: "Qué resacón, eeeh?"

Clientes: "No, que va. Es para ducharnos en la autocaravana (casa rodante)."

Cajera: "Sí, bueno, para ducharse. Nada pues, que

tengáis una buena ducha."

Clientes: "No, de verdad es para ducharse, mira la autocaravana aparcada fuera."

Efectivamente, al mirar por la ventana la cajera ve que ahí estaba la autocaravana.

Cajera: "Jejejeje…"

Clientes: "Jeje, que tengas un buen día."

La cajera se quedó con cara de tierra trágame…

Destino desconocido
Soy picador (inspector) en un tren de largo alcance y estoy picando en la última fila del último vagón. Le pido el ticket al último pasajero.

Yo: "Buenas noches, ¿me podría enseñar su ticket?"

Cliente: "Sí, por supuesto, aquí lo tienes."

Lo miro y lo primero en lo que me fijo es que el ticket solo es válido hacia otro destino.

Yo: "Perdone, pero este ticket es para el tren que va hacia (otro destino)."

Cliente: "¡Uuuy, es verdad! Bueno, llego hasta el final y ya allí cojo el de vuelta, no se preocupe."

Un poco mosqueado, me fijo mejor en el ticket y veo

que es de una fecha anterior y está caducado.

Yo: "Señor, veo que este ticket está caducado, voy a tener que pedirle que abandone el tren en la siguiente estación y que abone esta multa."

Cliente: "Bueno, había que intentarlo…"

Yo: "Usted sabe que la multa es mayor que el precio de los billetes, ¿no?

Cliente: "Ya, pero como no pienso pagarla…"

El cliente se levanta y se sienta al lado de la puerta, dejándome allí con la cara a cuadros…

Para algunos la crisis no existe

Soy vendedor de una conocida compañía de ordenadores y estoy en un establecimiento ubicado en Bilbao, España. A esta tienda acude gente la cual tiene un poder adquisitivo más bien alto.

Yo: "Buenos días, ¿en qué puedo ayudarle?"

Cliente: "¿Qué es esto de las (tablets de la marca), son como ordenadores?

Yo: "Te comento…" Y a continuación paso a describirle las características del dispositivo. Luego de diez minutos de explicación termino con la siguiente frase: "…el más barato cuesta 300 y el más caro 700 euros."

Cliente: "Pues dame tres de los más caros, así tengo uno para cada casa."

Yo (para confirmar le pregunto): "¿Tres?"

Cliente: "Sí, tres, ya sé que tú nunca podrás comprarte tres, pero yo sí, dame tres por favor."

Un cliente con tiempo de sobra

Trabajo en la atención telefónica de una conocida empresa de productos tecnológicos. La oficina desde la que hacemos las llamadas está en Buenos Aires, Argentina. Un día como tantos otros hice un llamado y se produjo la siguiente conversación.

Yo: "Buenos días, les llamo de (nombre de la compañía), ¿se encuentra (nombre del titular de la línea)?"

Cliente: "No, perdone, pero se ha equivocado, pero ¿para qué llamaba?"

Yo: "Ah, disculpe usted, solo era para hablarle de uno de nuestros productos."

Cliente: "Aaaah... ¿y no le importaría explicármelo a mí?"

Yo: "Bueno, si está interesado en electrónica..."

Cliente: "Bueno... en realidad interesado no estoy, pero me siento algo aburrido y me gustaría hablar con alguien."

Yo: "¿Me está diciendo que le dé una charla de quince minutos para que al final me cuelgue sin interesarse por el producto?"

Cliente: "Sí, algo así."

Yo: "Perdone, pero no tengo tiempo para perder, gracias y que tenga un buen día."

Cliente: "Bueno, gracias, me quedare aquí solo deprimiéndome..."

Nos falta uno de estos en cada tienda

Trabajo en una gran ferretería de una conocida cadena nacional en Estados Unidos y ese día estaba atendiendo a un cliente. Como en ese momento no teníamos el artículo que solicitaba, estaba haciéndole un cupón.

Empleado: "Está bien, sólo voy a buscar en el ordenador y comprobar si está disponible en otros locales de la firma."

Cliente: "Está bien, gracias."

De pronto escucho lo siguiente de un cliente ubicado detrás del que yo estaba atendiendo.

Cliente enojado: "¡Ya deja de socializar, la &%$* que te p*&%%$ y ponte a hacer tu trabajo!

Empleado: "Señor, por favor, sólo estoy comprobando si el producto está en nuestros otros loc…"

Cliente enojado: "¡No me importa! ¡HAZ TU TRABAJO!"

En este punto el cliente enojado se mueve adelante hacia el mostrador de una manera muy amenazante. Sin embargo, el cliente detrás de él, un chico muy en forma con una chaqueta de Ultimate Fighting Championship (Campeonato de Peleas) sale de la fila y se dirige hacia él. Lo agarra por el cuello, le hace una llave de estrangulamiento y lo arrastra afuera. Acto seguido toda la administración del establecimiento, como así también el personal y los clientes dentro de la tienda prorrumpieron en aplausos unánimes.

El cliente enojado fue expulsado para siempre de la tienda y el chico de la UFC recibió una gift card.

El agua no es la solución
Trabajo de mecánico para una empresa de alquiler de maquinaria en Madrid, España. Normalmente solemos hacer salidas al campo para arreglar maquinaria estropeada. Recuerdo que ese día me tocó salir a arreglar una excavadora que no arrancaba. Cuando

llegué al lugar, un sitio de construcción, miré el depósito de la máquina y me lo encontré sin gasolina y lleno de agua.

Yo: "Perdone pero parece ser que el depósito está lleno de agua en vez de gasolina."

Operario: "¡¿Cómo?! Eso es imposible, espera que llamo al jefe de obra."

Yo: "Está bien."

Jefe de obra (hablando por teléfono con el operario): "¡Qué *&%$* me estás contando, cómo van a poner agua en el depósito! No me lo creo nada, no pongas excusas malas para no trabajar."

Yo: "No le estoy mintiendo, jefe, venga usted mismo a mirarlo y lo verá."

Jefe de obra: "Por supuesto que voy."

Media hora después aparece el jefe de obra a mirarlo con sus propios ojos.

Yo: "Compruébelo usted mismo."

Jefe de obra: "Ah, pues sí, tienes razón, bueno pues... eeeh... arréglalo ahora mismo que tenemos todo parado."

Y me puse a limpiar todo el circuito de gasolina... cosa que podría haber empezado media hora antes si no fuera por el jefe de obra.

No es el más dotado
Trabajo como cajero en un café que está ubicado en un centro comercial de Noruega que vende tarjetas de regalo que se pueden utilizar en todas las tiendas de ese centro comercial, pero también se afirma claramente que no se puede utilizar esas tarjetas de regalo en cualquiera de las tiendas donde se vende comida (cafeterías, panaderías, supermercados, etc.). Es un día con muchísima gente justo antes de Navidad, y un cliente está pidiendo algo de comida.

Cliente: "Bueno, eso es todo." Acto seguido extrae la tarjeta de regalo del centro comercial y pregunta: "¿Cómo se hace con esta tarjeta, la deslizo en esa máquina?"

Yo: "Oh, lo siento, pero no aceptamos tarjetas de regalo del centro comercial."

Cliente: "¡Pero eso es ridículo! En la parte posterior de la misma dice que se puede utilizar en todos los negocios de este centro comercial."

Yo: "Lo siento, pero no puede usarla aquí ni tampoco en cualquiera de los otros cafés de este establecimiento. Está escrito en el reverso de la tarjeta de regalo, así como en la página web donde la compró."

Cliente (alzando la voz e inclinándose sobre el mostrador): "¿Pero cómo se supone que debo pagar por mi comida?"

Yo: "Va a tener que pagar con algo más que la tarjeta de regalo, y si usted no tiene dinero, voy a tener que pedirle que se haga a un lado para que pueda tomar el pedido de otra persona."

El cliente maldice en voz baja y se aleja enfurecido.

Unos diez minutos más tarde el cliente llega con uno de los guardias de seguridad del centro comercial. El guardia se acerca a mí.

Guardia (susurrando): "Realmente no sé qué hacer con este tipo. Todos hemos tratado de explicarle que no puede utilizar la tarjeta aquí, ¡pero no se da por vencido! ¿Hay algo que puedas hacer?"

A todo esto el cliente había estado de pie al lado de las personas que estaban en cola para pagar, y hablaba en voz alta con los clientes sobre el horrible servicio que prestábamos, como así también se explayaba describiéndonos como empleados incompetentes. Terminamos dándole su comida gratis, y menos de una semana más tarde intentó lo mismo en uno de los otros cafés.

La gestión del centro comercial luego le retuvo la tarjeta de regalo (que tenía un valor de $80) a cambio de las dos comidas que consumió (por valor de $50). El hombre quedó muy satisfecho con el centro comercial por haber tomado finalmente su tarjeta de regalo como medio de pago.

La mentira tiene patas cortas

Trabajo en atención telefónica de una compañía de seguros de Madrid, España. Un mes antes de recibir esta llamada se produjo un gran apagón debido a un incendio en un transformador de la empresa que provee energía eléctrica a parte de la población, desde entonces estamos recibiendo llamadas por fallos de equipos electrónicos por sobrecarga en la red eléctrica.

Yo: "Buenos días, le atiende Luis de la (compañía de seguros), ¿en qué puedo ayudarle?"

Cliente: "Sí, mira, el mes pasado se quemó un transformador en mi calle. Desde entonces mi televisor no está funcionando. Un amigo me ha comentado que lo mejor era que hablara con el seguro para que me cambiara la tele."

Yo: "Sí, por supuesto, sólo necesito saber dos cosillas. Primero que todo, ¿cuál es su número de póliza?

Cliente: "Espera que miro… aquí está, el número es ********."

Yo: "Muy bien, veo que efectivamente tiene cobertura

en este tipo de casos. Ahora necesitaría saber si su televisión todavía está en garantía."

Cliente: "Por supuesto, la compré la semana pasada, así que todavía está en garantía."

Yo: "¿Me está diciendo que la tele la compró la semana pasada?"

Cliente: "Ep… no, la compré hace cinco años. Me habrás escuchado mal."

Yo: "Entonces por lo que me dice ya no está en garantía, y antes me había dicho que todavía estaba en garantía."

Cliente: "Vale, vale, tú ganas…"

"¡Clic!"

Irlanda y la industria artesanal

En Dallas, Texas, Estados Unidos, estoy trabajando como anfitriona en un restaurante muy concurrido de la ciudad que se ocupa de grandes volúmenes de turistas. Una tarde, una pareja de mediana edad llega a la hora de comer. También es importante tener en cuenta que soy irlandés.

Yo: "Hola, bienvenido a (nombre del restaurante). ¿Cómo están hoy?"

Mujer (hablando con su marido): "Querida, ¿no te gusta su acento?"

Hombre: "¡Sí!" Y dirigiéndose a mí dice: "Tienes un acento muy agradable. ¿De dónde es?"

Yo: "¡Gracias! Soy de Dublín, Irlanda. Estoy aquí por el verano."

Mujer (con un fuerte acento sureño): "¿Irlanda? ¡Qué adorable! ¿Sabías que yo también soy irlandesa?"

Yo: "¿De verdad? Eso es genial. ¿De qué parte es usted?"

Mujer: "Bueno, mi tatarabuela vino originalmente de Cork."

He oído esto muchas veces. Y lo que sucede en realidad es que los descendientes estadounidenses de origen irlandés se consideran 100% irlandeses.

Yo: "Oh, ¡wow! ¿Y ya han estado en Irlanda?"

Hombre: "No, ¡pero nos gustaría ir algún día!"

Mujer: "Sí, en realidad nos encantaría ir si solamente tuvieran ustedes algo de electricidad por allí."

Yo: "¿…?"

Hombre (riendo): "Sí, no podría prescindir de un buen baño, ¡la televisión y esas cosas!"

Yo (insegura de saber si en realidad estaban bromeando): "Ja, ja, en realidad ahora sí tenemos agua corriente y electricidad... lo hemos tenido durante varios años, de hecho..."

Mujer: "Oh, cariño, ¡no hay necesidad de sentir vergüenza! Creemos que es lindo cómo se vive en las casas de campo. Hemos visto las fotos de esos techos de paja tan hermosos que tienen ustedes por allá."

Yo: (silencio de completa sorpresa).

Hombre: "Entonces, dime... ¿cómo te estás ajustando a la vida de la gran ciudad?"

La conversación fue en picada a partir de ese momento. Yo no sé de dónde sacaron sus ideas acerca de Irlanda, pero los acompañé a sus asientos tan pronto como pude para no tener que seguir escuchándolos, ¡pues ya no lo aguantaba!

Autorobo

Trabajo en la atención telefónica de una conocida empresa de telefonía en Madrid, España. Un buen día recibo una llamada.

Yo: "Buenos días, le atiende Laura, ¿en qué puedo ayudarle?"

Cliente: "Me preguntaba si es posible cancelar el pago

de la factura del móvil de este mes."

Yo: "¿Y cuál es la razón del retraso?"

Cliente: "Me han robado el móvil y me temo que lo hayan usado."

Yo: "¿Su número de móvil es 6XXXXXXXX?"

Cliente: "Sí, el mismo."

Yo: "Me consta que es el número desde el que me está llamando."

Cliente: ... (insulto por lo bajo) ...

"¡Clic!"

Abertura bloqueada

La puerta de nuestra tienda en Bilbao, España, tiene una alarma que suena cada vez que alguien entra. Cierto día entró un cliente y se quedó mirando la puerta muy atentamente. Como en ese momento yo estaba trabajando no me di cuenta sino hasta veinte minutos después de que entrara ese cliente.

Cliente (dirigiéndose a mí): "¿Por qué no suena la puerta? Llevo 20 minutos delante mirándola fijamente y no suena."

Yo: "Eso es porque quizás lleva 20 minutos obstaculizando la puerta y nadie ha podido entrar."

El egocentrismo conoce al geocentrismo

Trabajo en una agencia de viajes y todos los días recibo llamadas telefónicas de gente que consulta los paquetes turísticos y ofertas para esa semana. Un día llama un cliente desde un teléfono celular:

Cliente: "¿Puede decirme cómo llegar a su oficina?"

Yo: "Claro, ¿dónde está ahora?"

Cliente: "Eso no es asunto tuyo. Sólo dime cómo llegar allí."

Yo: "Sí, pero para hacer eso necesito saber desde dónde comenzará su trayecto. ¿Está usted en nuestra ciudad?"

Cliente: "Ya te dije que eso no es de tu $%@# incumbencia."

Después de unos cuantos intercambios de este tipo...

Cliente: "Eres un idiota. Déjame hablar con tu gerente."

El gerente, que ya había escuchado parte de la conversación, se acerca y toma el teléfono.

Gerente: "Hola, ¿puedo ayudarle?"

Cliente: "Sí, dime por favor cómo llegar a su oficina."

Gerente: "Bueno, eso depende de dónde empezará su trayecto."

Cliente: "¡&@#$#! ¡Sólo dime cómo llegar allí!"

Gerente: "Está bien. ¿Ve la siguiente esquina delante? Gire a la derecha allí mismo."

Cliente: "¡Clic!"

Masaje y algo más
Nuestra clínica, ubicada en Granada, España, está especializada en tratamientos fisioterapéuticos y masajes exóticos. Todas la trabajadoras somos mujeres y el logo del establecimiento tiene una mujer dando un masaje. Un día entra un cliente y pregunta lo siguiente.

Cliente: "¿Es este el prostíbulo (con otras palabras) del pueblo? Quiero contratar urgentemente vuestros servicios."

Yo: "No, lo siento pero aquí no hacemos de eso, esto es un centro de masaje."

Cliente: "Masaje, ¡bah, eso es igual que lo otro! Además pago bien."

Yo: "Da igual, por favor retírese del establecimiento."

Cliente: "¡Pero yo quiero!"

Yo: "¡Fuera de aquí!"

Cinco minutos después conseguí echarlo, no sin antes aguantar sus comentarios, por cierto no muy gustosos.

Innovación, ¿cuestión de suerte?

Trabajo en un bar de Girona, España, y cada sábado un cliente habitual se acerca a nuestro bar y pide un mosto con gaseosa. Esto ha sucedido siempre, cada sábado desde hace 20 años.

Yo (saludándolo amistosamente, como siempre): "Hombre, ¡qué tal va la vida!"

Cliente habitual: "Pues como siempre, bueno… algo diferente, así que quiero innovar."

Yo: "¿Innovar?"

Cliente habitual: "Sí, hoy quiero algo diferente, así que sírveme un mosto con coca cola."

Yo: "¿Y cómo así?"

Cliente habitual: "Bah, no sé… por probar algo diferente."

Yo: "Pues aquí tienes, que lo disfrutes."

Esa misma tarde me enteré que el susodicho cliente había ganado una lotería y se había llevado unos cuantos millones de euros como premio. ¡He ahí la razón de las ganas de innovar!

Te presto mis ojos

Estaba sentado en la sala de espera de un hospital en Nottingham, Inglaterra, en el Reino Unido. Mientras esperaba mi turno para que me atienda el optometrista, veo que el profesional se acerca a una pareja en frente de nosotros.

Optometrista: "Necesitamos un nuevo escáner de retina de los ojos de su marido, señora Smith. Por favor lleve este formulario a la habitación 19 y vea al técnico que le va a hacer la prueba allí."

Ni bien termina de hablar el oftalmólogo, la señora Smith se levanta, recoge sus cosas y empieza a salir por la puerta.

Optometrista: "Señora Smith, necesita llevar a su marido con usted."

Señora: "¿Por qué? ¿Necesita estar allí cuando hagan la prueba?"

Vip al estilo FBI

Trabajo en un supermercado de la localidad de Cáceres, en España. Hemos sufrido varios intentos de robo, pero este se lleva el premio mayor.

Yo (intentando detener a un cliente que salía por la

puerta de atrás): "Señor, ¿qué está haciendo?"

Señor: "¿Por qué me hablas de esa manera?"

Yo: "¿¡Cómo que por qué!? Está saliendo con la compra por la puerta de atrás."

Señor: "Claro, porque yo soy VIP, mira el carnet."

Inmediatamente después de decirlo, el señor me enseña una tarjeta claramente hecha por ordenador, pero me la muestra muy rápidamente para que no me fije que es falsa, al estilo de esas películas donde aparece algún agente del FBI mostrando identificación.

Yo: "Evidentemente eso es falso, así que vuelva a entrar, y si quiere llevarse la mercadería por favor pase por caja."

Luego de discutir un poco más, el señor se fue del supermercado sin el carro y gritando que me iba a enterar cuando hablara con mis superiores.

Puesta a prueba para nuevos compañeros de trabajo

En nuestra tienda siempre atendemos a un cliente que entra, se prueba toda la ropa una a una y se va sin comprar nada. Este cliente, aunque parezca increíble, viene todos los días. Uno de estos días era el primer día de trabajo para mi nuevo compañero.

Cliente: "Buenos días, ¿podrías ayudarme a elegir una ropa para este verano?"

Compañero: "Por supuesto, ¿quieres que empecemos con los bañadores?"

El cliente asiente y los dos se van a la sección de bañadores. Luego veo que pasan por las otras secciones de ropa para hombre. Dos horas después el cliente abandona la tienda sin realizar compra alguna.

Yo (a mi compañero): "¡Enhorabuena! Has pasado la prueba de (nombre del cliente aquí), así que ya eres un empleado de pleno derecho. Y así todos los días…"

Normalmente utilizamos a este cliente para comprobar la paciencia y la dedicación de nuestros nuevos compañeros de trabajo.

Sueños mojados
Trabajo en un restaurante de Teruel, España. El sistema de riego que utilizamos para el jardín de nuestro negocio se activa a las siete de la tarde, después de cerrar el comedor y mientras preparamos la cena. Antes de encender los aspersores siempre comprobamos que el jardín este vacío. Una tarde veo que un cliente entra al restaurant por la puerta del jardín, muy fastidiado.

Cliente: "¿Pero por qué c*$* habéis encendido el

sistema de riego? ¿No sabéis que tenéis clientes en el jardín?"

Yo: "Perdone, señor, pero el comedor ha cerrado a las siete y no debería haber ningún cliente en el jardín. La pregunta es: ¿qué hacía usted en el jardín?"

Cliente: "¿¡Pero cómo que qué hago en el jardín?! Pues lo que hace todo el mundo, después de acabar de comer a las cinco de la tarde me he tumbado detrás de unos arbustos a echar la siesta, y mis siestas son siempre de tres horas como mínimo."

Yo: "Perdone señor, pero como bien pone en la puerta, el comedor cierra a las siete y todos los clientes tienen que salir para que podamos preparar la cena."

Cliente: "Ya, pero mi siesta es sagrada y nadie me debería molestar."

Por desgracia el cliente siempre suele tener la razón, así que tuvimos que darle un vale para una cena gratis.

Buscando el paquete perdido

En esa época yo trabajaba para un centro de llamadas que se ocupaba de atender cuestiones que tengan que ver exclusivamente con la empresa de correos nacional de los Estados Unidos de Norteamérica, UPS.

Yo: "Gracias por llamar, ¿en qué puedo ayudarle?"

Clienta: "Necesito hacerle el seguimiento a un paquete que enviamos por correo postal."

Yo: "Encantado de ayudarle con eso. ¿Tiene un número de seguimiento?"

Clienta: "Sí, aquí está..."

Y a continuación el cliente procede a leer el número de seguimiento.

Yo: "Lo siento, sin embargo parece que ese no es un número de seguimiento válido... parece que le faltan algunos números. ¿Podría usted leerlo de nuevo?"

La clienta me da el número de nuevo, pero sin ningún resultado positivo. Me paso los siguientes minutos intentando utilizar la información que estaba disponible para tratar de localizar el paquete... creo que la clienta está a punto de llorar, pero la verdad era que realmente no podía encontrarlo.

Al final su novio toma el teléfono y procede a gritar, insultarme y regañar, utilizando todo tipo de improperios debido a mi incapacidad para encontrar ese paquete.

Finalmente el novio de la clienta dice: "Mira, no puedo entender por qué no se puede localizar este paquete. Quiero decir, tengo el número de seguimiento. ¡Aquí mismo dice: NÚMERO DE SEGUIMIENTO DE FEDEX!"

(Pausa)

El novio de la clienta (tímidamente ahora): "Esto es UPS, ¿no es así?"

Yo: "Sí. ¿Hay algo más en lo que pueda ayudarle?"

"¡Clic!"

La paciencia es cosa de principiantes

Esto sucedió en un supermercado de mi localidad, en Barakaldo, España. Como siempre voy a comprar allí, sé que cuando se incorpora un nuevo empleado para atender las cajas del supermercado el primer día está acompañado de una encargada que le enseña y comprueba que todo vaya bien. Este es el primer día de una cajera nueva, y yo soy un cliente que está en la cola.

Pero sucede que adelante mío hay un cliente que parece que está muy apurado.

Cliente (el que está comprando): "Venga, date prisa que estoy aparcado en segunda fila."

Cajera: "Sí, sí, voy todo lo rápido que puedo."

Cliente: "¡Es para hoy!"

Encargada: "Perdone, señor." Y luego le dice a la cajera: "Permíteme un segundito, ya me encargo yo."

Cliente: "¿Cómo? Ni se te ocurra, lo tiene que hacer

ella, pero más rápido, que para algo la pagan. Tú a mirar."

Encargada: "Perdone, señor, pero yo soy la encargada, y yo decido quién le cobra a usted."

Cliente: "Pero yo soy el cliente y yo pago, y si ella no me cobra yo no pago un céntimo."

Después de varios intercambios de palabras la cajera nueva acabó haciéndolo, pero con cara de mucho susto.

El extraño caso del lazo y el clip de cabello
Trabajo como gerente para un gran teatro de Nueva Orleans, Louisiana, Estados Unidos de Norteamérica. Esa noche el teatro estaba brindando un concierto muy importante. Estoy de pie en uno de los bares y platicando con un amigo cuando veo que una mujer se acerca a la barra.

Mujer: "¡Hola! ¿Recuerda usted que vine esta noche con un lazo para el pelo y una flor en mi cabello?"

Nunca la había visto antes de ese momento, así que no digo nada. La mujer continúa.

Mujer: "Me parece que perdí los dos."

Yo: "¿Le gustaría que vaya a buscarlos en la zona donde estuvo sentada?"

Mujer: "No, está bien. No quiero que interrumpa mientras los demás están disfrutando del concierto."

Yo: "Bueno, si está segura, entonces no lo haré."

Mujer: "No sé. ¿Qué piensas? Me refiero a que acabo de comprarlos en la tienda y pagué alrededor de cinco dólares por ellos."

Yo: "Puedo ir a buscarlos si lo desea. Quiero decir, es parte de mi trabajo."

Ella siguió parloteando acerca si debería o no ir a la zona donde estuvo sentada. En ese momento me di cuenta de que ella estaba algo borracha.

Yo: "Mira, voy a ir allí y echar un vistazo alrededor, y prometo no molestar a nadie."

Mujer: "Está bien, pero yo no estuve en mi asiento todo el tiempo. He estado un poco por aquí arriba también." Y apunta a un área por encima de nosotros que sé que es plana y en la que ella tal vez pudo haber estado bailando.

Yo: "Vale, ya vuelvo."

La oigo que me llama de nuevo, pero como no quería estar otra vez escuchando su parloteo, decidí ignorarla. Tomo una pequeña linterna de uno de los acomodadores y procedo a buscar en el área general donde pensé que podría haber estado la mujer, e incluso fui más allá de esa área. No encuentro nada, por lo que vuelvo a la barra para hacérselo saber.

Yo: "Lo siento, señora, pero fui incapaz de encontrar un lazo de pelo o algún clip en ese lugar."

Mujer: "Wow, eso es realmente extraño. Me refiero a ¿por qué robar algo así?"

Yo (pensando que tal vez lo perdió antes de que llegara): "Realmente no lo sé."

Mujer: "Está bien, supongo que es tiempo de marcharme."

Yo: "¿Tiene alguien que la lleve?"

Mujer: "Voy a tomar un taxi."

Yo: "De acuerdo, entonces, sólo tiene que ir a la parte frontal del teatro y podrá encontrar uno rápidamente."

Mujer: "¡Gracias por su ayuda!"

A continuación me da un abrazo, y al terminar dice: "¡Y esto es para ti!"

Empuja una copa de champán en mi dirección y se aleja.

Una vez que se hubo alejado, el camarero me informó de que la mujer le preguntó si pensaba que yo realmente estaba en busca de sus cosas o si sólo había ido a disfrutar del concierto para luego mentir acerca de la búsqueda. También me aseguró que la mujer no había tocado el champán ni tampoco había pagado por él.

Guardería para perros

En el establecimiento donde trabajo, en Barcelona, España, está prohibido entrar con animales de compañía, a no ser que sean perros guía. Este centro comercial tiene un centro guardería para estos animales, pero un día entra un cliente con su perro.

Yo: "Buenos días, me temo que no puedo permitir que su perro entre con usted."

Cliente: "Ay, lo siento, no me había dado cuenta. Tengo que hacer unas compras urgentes, ¿hay algún sitio donde pueda dejar al perro mientras hago las compras?"

Yo: "Claro que sí, mire, ahí delante tiene una guardería para animales."

Cliente: "Muy bien, gracias por su ayuda."

Hasta aquí todo parecía normal, pero el cliente en vez de ir a la guardería se dirigió a la carnicería, con intención de dejar el animal ahí. Más tarde fui a hablar con el carnicero y me comentó que el cliente estaba empeñado en dejar ahí el perro, y no dejó de insistir hasta que el charcutero le enseñó un conejo muerto y le dijo que eso era un perro. El cliente salió corriendo del centro comercial.

Memoria de cero a corto plazo

Trabajo en una tienda que vende muebles variados en un centro comercial. Un día atiendo la llamada de una persona.

Cliente: "Hola, tengo mi coche en el muelle de carga y he aparcado donde dice que hay que aparcar, pero no hay botón para llamar a su tienda ni tampoco algo parecido ahí abajo."

Yo: "No, no lo hay porque el ascensor es compartido con tres niveles de tiendas; no somos dueños del ascensor, ya que le pertenece al centro comercial. Así que hay que llamar cuando usted ya esté allí."

Cliente: "¿Pero cómo puedo llamar? No hay botón alguno."

Yo: "Con su teléfono móvil…"

Cliente: "Oh, ¡pfff! Nunca llevo un teléfono celular conmigo."

Yo: "¿Pero no acaba de llamar? ¿Cómo fue que llamó antes?"

Cliente (con tono como si yo fuera estúpido): "¡Con un teléfono celular!"

Donde sobra uno, ¿para qué dos?

En una ferretería, donde trabajo haciendo turnos de ocho horas, alrededor del mediodía entró un cliente muy decidido.

Cliente: "Necesito cinco metros de cable y dos enchufes, macho y hembra."

Yo: "Muy bien, aquí tiene."

El cliente pagó y salió de la tienda. Dos horas después el cliente volvió con un cable quemado y con cara de susto.

Yo: "¿Qué le ha pasado a usted?"

Cliente: "Pues he conectado los enchufes al cable y al enchufar ha saltado una chispa y se ha ido la luz."

Yo: "¿Y cómo has enchufado los conectores?"

Cliente: "Pues he cogido el cable, he separado los dos hilos, he cogido uno y lo he conectado a los dos pinchos que tiene el enchufe. Lo he cerrado y lo he enchufado, entonces ha saltado una chispa que ha quemado el enchufe y se ha ido la luz."

Yo: "¿Cómo? ¿Que has enchufado un solo hilo a los dos bornes? ¿No sabes que así produces un cortocircuito?"

Cliente: "¡Aaaah! Como vi que el cable tenía dos hilos, pues los he separado, porque dije ¿para qué necesitaba yo dos?…"

¿Quién necesita matemáticas cuando puedes simplemente demandar?

Trabajo en una pizzería de Filadelfia, Estados Unidos de Norteamérica. Un día se acerca una señora al mostrador.

Clienta: "Hola, yo pedí una pizza, la mitad de Pepperoni, la otra mitad de salchicha y la otra mitad común."

Yo: "Señora, sólo hay dos mitades en la pizza completa."

Clienta: "¡Ya sé que solamente hay dos mitades en la pizza! Soy abogada, y la manera en que me estás tratando es injusta y exijo satisfacción."

Anillo molesto

En mi bisutería de Mungia, España, dejamos probar los anillos antes de venderlos para comprobar si son de la talla adecuada.

Clienta: "Este me gusta, ¿podría probarlo?"

Yo: "Por supuesto."

La clienta se probó el anillo, pero al intentar sacárselo no podía.

Clienta: "Pues parece que no sale, ¿no te importaría ayudarme a sacarlo?"

Yo: "Espera que probamos con este producto que tengo."

Después de intentarlo un buen rato tuvimos que mandar a la clienta a urgencias a que le sacaran el anillo. Más tarde la clienta volvió a devolvernos el anillo y la regalamos una pulsera por las molestias ocasionadas.

Lección para repartidores: cómo estafar a un estafador

Trabajo haciendo envíos para una pizzería bastante conocida de mi ciudad. Estoy parado frente a la puerta de un cliente al que le vengo a entregar su pedido. Se abre la puerta.

Cliente: "Quiero esta pizza gratis."

Yo: "Sin dinero no hay pizza. No me importa si usted la come o no."

Cliente: "Bueno, yo conozco al dueño de la pizzería (nombre del comercio)."

Yo: "¿En serio, cómo es que me conoces?"

El cliente finalmente hunde su mano en el bolsillo derecho de su pantalón y me entrega el dinero.

Nota: En realidad no soy el dueño de aquella pizzería.

Aroma de la ex
Soy el encargado de una pequeña perfumería en Santander, España, en la que ofrecemos la posibilidad de oler las muestras de colonia antes de comprarlas. Un cliente que lleva un rato dando vueltas se acerca y me pregunta.

Cliente: "Buenos días, resulta que es el cumpleaños de mi novia y quiero regalarle este perfume que me ha pedido, pero me preguntaba si es posible meter dentro otro perfume."

Yo: "¿Otro perfume?"

Cliente: "Sí, es que el perfume que usa mi novia no me gusta, preferiría el de mi ex. Por eso pregunto si pudieras meter el perfume de mi ex en el frasco nuevo que voy a regalar."

Yo: "¿Es usted consciente de que estos dos perfumes tienen un olor distinto? Su novia se va a dar cuenta de la diferencia. Y además está prohibido hacer ese tipo de cambios en nuestro establecimiento."

Cliente: "¡Bah! No creo que sea para tanto, pero bueno,

compro los dos y ya lo haré yo."

Yo: "Usted verá."

Cupones expirados

Trabajo en una tienda que vende artículos deportivos en Cold Spring, en el estado de Kentucky, Estados Unidos de Norteamérica. Una señora entra en la tienda y me da un cupón que expiró hace ya mucho tiempo.

Yo: "Um, señora, este cupón expiró 90 días después de haberlo recibido."

Cliente: "No dice eso."

A continuación señalo con mi dedo índice donde el cupón lo pone por escrito.

Cliente (completamente en serio): "Eso no estaba ahí antes."

Yo (extendiéndole nuevamente su cupón): "¿Todavía quiere comprar estos productos?"

Cliente: "Sí, tengo este cupón que dice compre uno y lleve otro gratis."

Todas las señales apuntan a que sí

Trabajo en una tienda que vende sándwiches elaborados en el momento. Nuestra tienda está en

Arcadia, Canadá. Cierto mediodía le estoy armando su sándwich a un cliente, así que le pregunto.

Yo: "¿Quieres mostaza o mayonesa en tu sándwich?"

Cliente: "Sí, por favor."

Lo único que puedo hacer es quedarme allí mirándole.

Cliente: "¡Uy! Quiero decir. Umm... mayonesa."

Yo: "¿Cómo le gustaría pagar? ¿Efectivo o tarjeta de crédito?"

Cliente: "Está bien."

Y otra vez me le quedé mirando…

Habitación por día
Trabajo en un hotel, y un buen día recibo una llamada por teléfono.

Cliente: "¿Tiene habitaciones disponibles para el lunes?"

Yo: "¿De qué fecha?"

Cliente: "¡El lunes!"

Yo: "No, ¿qué fecha?"

Cliente (en un tono como diciendo ¿estás chiflado?): "Por Dios, el 11."

Yo: "Gracias, ¿de qué mes?"

Cliente: "¡Lunes!"

¿Seguro que es lo mismo?

Trabajo en una importante firma dedicada al Diseño Web y Marketing Online en la ciudad de Las Vegas, en Nevada, Estados Unidos de Norteamérica. Estoy con un cliente quien ha finalizado su exposición sobre cómo quiere que luzca su nuevo proyecto.

Yo: "Muy bien, vamos a ver si le he entendido bien. Usted quiere que su sitio web que vende seguros se parezca al sitio de Walt Disney World, ¿es correcto?"

Cliente: "Sí, porque [el sitio web de Walt Disney World] parece tan alegre y divertido. Por eso quiero que cuando la gente visite nuestro sitio web puedan sentir que comprar un seguro es muy divertido."

Yo: "Um, bien..., ¿hay algo más que le gustaría?"

El cliente piensa por unos instantes.

Cliente: "¡Montañas rusas, me gustan las montañas rusas!"

Cuestiones de geografía

Coincidí en una cafetería de un museo con un peculiar

personaje. Era una tarde fría de invierno en Bilbao, España, y fui testigo de lo siguiente.

Cliente: "¡Hola! Un café cortado por favor, para llevar."

El camarero educadamente le muestra la cantidad de leche.

Camarero: "¿Así?"

Cliente (con un claro acento catalán): "Un poco más."

El camarero le sirve un poco más y a continuación le mira.

Cliente: "Un poco más."

El café ya estaba más claro, pero el camarero le sirve más leche y lo mira perplejo.

Cliente: "Es que en Barcelona los tomamos así."

Acto seguido paga y se va rápidamente con su café.

Nota: En Bilbao también tomamos el café así, pero se llama café con leche y claro, ¡cuesta más!

Miembro del personal en rebeldía
Mi madre me contó esta anécdota. En ese tiempo ella era la encargada de los empleados en una gran tienda que vendía electrodomésticos al público en general en Australia. Cierto día una mujer irrumpe con ella en el

mostrador, exigiendo ver a un gerente.

Gerente: "¿Cómo puedo ayudarle?"

Clienta: "Quiero quejarme de un miembro del personal que siempre está hablando con un móvil. Cada vez que me acerco a él para empezar a hacer preguntas él me mira de arriba abajo, vuelve su espalda contra mí y no deja de hablar por teléfono. Exijo que haga algo con él."

Gerente: "Eso es muy raro, ¿puede indicarme a qué miembro del personal se refiere?"

Clienta (señalando a la persona y hablando en voz alta): "Ahí está, debería despedirlo ya mismo."

Gerente: "En realidad esa persona no trabaja aquí, es un cliente. Tal vez yo pueda responder a sus preguntas, ¿en qué puedo ayudarle?"

Clienta: "Creo que ya me he comportado como una tonta lo suficiente por hoy."

Y a continuación se marchó hacia la puerta de salida.

Dicen que no hay preguntas estúpidas, pero...
Trabajo en una tienda que vende artículos para el hogar, y estaba con una clienta que estaba viendo algunos productos en la sección decoración.

Clienta: "¿De qué tamaño es esta alfombra?"

Yo (leyendo la etiqueta a un costado): "Bueno, aquí dice que mide 54 x 72 pulgadas."

Clienta: "Entonces, ¿cómo de grande es eso?"

Yo: "¿En centímetros? Debe ser…"

Clienta: "No, en pulgadas."

Yo: "Es de 54 pulgadas por 72 pulgadas."

Clienta: "Ok. ¿Y de qué color es?"

Yo: "Lila."

Clienta: "Bien… ¿y se vería bien en mi sala de estar?"

Yo: "No sé… nunca he visto su sala de estar."

Clienta: "No, supongo que no. ¿Y te parece que tengo espacio para esta alfombra en la sala?"

Yo: "¡¿@#!?"

Viaje al pasado

Trabajo en al área de soporte técnico de una empresa que brinda servicios de Internet. Un día recibí un llamado de una persona evidentemente mayor. No recuerdo la fecha, pero esta conversación fue a mediados de los noventa. Empezó así.

Cliente: "Hola, ¡me gustaría un poco de ayuda!"

Yo: "Por supuesto, señor, ¿cómo puedo ayudarle?"

Cliente: "Bueno, en realidad no tengo una cuenta, pero me preguntaba si podría hablar o enviarle mensajes a mi hija. Ella está en Australia y tiene una cuenta de Internet."

Yo: "Sí, señor, ¡eso es posible!"

Cliente: "¿Qué tengo que hacer para lograrlo?"

Yo: "Usted sólo necesita un ordenador y un módem."

Cliente: "Oye, pero aquí sólo tengo una máquina de fax y un televisor, ¿no es suficiente?"

Yo (controlando las ganas de estallar en risotadas): "Me temo que no, señor. Usted de seguro necesitará un ordenador para hablar con su hija."

Cliente: "¿Sabes qué? ¡Ustedes en realidad no quieren ayudarme! Yo conozco a la gente de su calaña. ¡Lo único que desean ustedes son esos clientes ricos que van a comprar cualquier cosa que ustedes les digan! ¿Sabes qué? ¡Ustedes no son el único proveedor de Internet de la ciudad! ¡Adiós!"

"¡Clic!"

Estimado Lector

Nos interesan mucho sus comentarios y opiniones sobre esta obra. Por favor ayúdenos comentando sobre este libro. Puede hacerlo dejando una reseña en la tienda donde lo ha adquirido.

Puede también escribirnos por correo electrónico a la dirección info@editorialimagen.com

Si desea más libros como éste puedes visitar el sitio de **Editorialimagen.com** para ver los nuevos títulos disponibles y aprovechar los descuentos y precios especiales que publicamos cada semana.

Allí mismo puede contactarnos directamente si tiene dudas, preguntas o cualquier sugerencia. ¡Esperamos saber de usted!

Más libros de interés

Chiquilinadas - Divertidas anécdotas de los más pequeños

Este libro recopila diversas situaciones cómicas en las cuales los niños son los protagonistas.

Las mejores anécdotas divertidas las dan nuestros hijos, sobrinos y nietos, ya que con su sinceridad y alegría, hacen que nos sorprendan sus actitudes y también sus disparatadas ocurrencias.

Chistes para siempre - Cuentos graciosos y humor gráfico para reír sin parar

En este libro encontrarás relatos graciosos y también humor gráfico, ya que he incluido algunos dibujos que he publicado en diferentes revistas y libros de cuentos de mi ciudad.

Cuentos Humorísticos - Anécdotas graciosas y narraciones cargadas de humor para alegrar tu día

Más de 60 páginas de diversión! Cuentos e historias graciosas. Una verdadera colección de cuentos chistosos. Con este libro puedes pasar momentos espectaculares junto a tus amigos y familia.

Los Mejores Chistes para Adultos - Más de 100 páginas de Humor

Este es un libro lleno de diversión! No pararás de reír y puedes hacer reír a todos tus amigos! Contiene humor negro, chistes de ancianos, chistes de homosexuales, apodos graciosos, chistes clasificados sobre sexo, cuernos, religiosos y muchísimo más!

Los Mejores Chistes - Una divertida recopilación de los chistes latinoamericanos más graciosos

Una divertida recopilación de los chistes latinoamericanos más graciosos

Esta divertida obra le ofrece un gran abanico de chistes y situaciones cómicas que le divertirán y le proporcionarán, al mismo tiempo, una amplia gama de recursos humorísticos no sólo para su propio disfrute, sino también para animar reuniones.

Los Mejores Chistes 2 - Otra divertida recopilación de los mejores chistes latinoamericanos

Otra divertida recopilación de los mejores chistes latinoamericanos. Chistes inteligentes sin recurrir a un lenguaje vulgar. Ocurrencias que no vas a poder creer! Cuanta también con chistes gráficos, imágenes que te hacen matar de risa! Más de 50 páginas con puro humor! Con este libro tienes la diversión asegurada.

www.ingramcontent.com/pod-product-compliance
Lightning Source LLC
LaVergne TN
LVHW011730060526
838200LV00051B/3103